Le mystère des cristaux de glace

L'orthographe rectifiée, qui fait désormais référence
dans les programmes scolaires, est appliquée dans cet ouvrage.

MIXTE
Papier issu de
sources responsables
FSC® C022030

Loi n° 49-956 du 16 juillet 1949 sur les publications destinées à la jeunesse,
modifiée par la loi n° 2011-525 du 17 mai 2011.
ISBN : 978-2-09-257125-5
N° éditeur : 10226616 – Dépôt légal : février 2017
Achevé d'imprimer en janvier 2017 par Pollina (85400 Luçon, France) - L78875

Hélène Montardre

Les apprentis Chercheurs

Le mystère des cristaux de glace

Illustrations de Laurent Audouin

Nathan

Chapitre 1

« Criii… Criii… Criii… »

Le nez au vent, le bonnet enfoncé jusqu'aux oreilles, Matt écoute avec délices. Il adore le crissement de ses patins sur la glace.

Sa sœur Lisbeth et lui ont une chance incroyable. Depuis le début de l'hiver, il fait très froid. Alors, une patinoire en plein air a été installée tout près de chez eux ! Ils ne sont pas les seuls à en profiter. La plupart des enfants de l'école sont là, et l'air retentit de cris joyeux.

– Attention devant ! hurle soudain quelqu'un.

Matt s'écarte précipitamment. Heureusement ! Le bolide qui vient de le frôler patine drôlement bien, mais beaucoup trop vite.

Matt le suit du regard. Une tignasse brune, un pullover rouge, un visage rieur… Il a déjà vu ce patineur. Sa mère le dépose ici quelquefois, et revient le chercher un peu plus tard dans une vieille voiture rouge.

– Matt ! lance alors Lisbeth. C'est l'heure ! Il faut rentrer !

C'est vrai. La lumière a baissé et le froid est plus vif. Petit à petit les patineurs quittent les lieux, et Matt et Lisbeth doivent en faire autant. Matt s'accorde encore un petit tour sur la glace. Il est seul à présent, seul avec le garçon au pullover rouge qui tourne sur lui-même en une interminable pirouette.

Et puis, venue de nulle part, une voiture surgit.

Matt s'immobilise. Cette voiture est extraordinaire. Sa couleur est celle de la neige dans le soir qui descend. Ses vitres ont la teinte des nuages. Une immense antenne figée par le givre est plantée sur son toit. Elle avance silencieusement et s'arrête au bord de la patinoire. Une vitre s'abaisse et un visage coiffé d'une toque en fourrure apparait.

Matt retient son souffle. Jamais il n'a vu une femme aussi belle. Sa peau semble

aussi lisse qu'un ciel d'hiver, ses lèvres sont de la teinte de la brume, et ses yeux… ses yeux ont la profondeur d'un lac glacé.

– Tom ! appelle la merveilleuse apparition.

Le cri résonne sur la patinoire. Le garçon au pullover rouge ralentit. Il semble hésiter.

– Tom ! répète doucement la femme.

Le garçon fait un tour sur lui-même et son regard croise celui de Matt.

Son nom retentit une troisième fois :

– Tom !

Le garçon frotte l'un de ses yeux avec agacement, puis il tourne le dos à Matt et, tête basse, rejoint la voiture. La portière arrière s'ouvre. Il se faufile à l'intérieur du véhicule qui démarre puis s'éloigne aussi mystérieusement qu'il est arrivé.

– Maaatt !

Matt sursaute. C'est Lisbeth ! Il se précipite pour rejoindre sa sœur.

– Qu'est-ce que tu faisais ? Nous sommes les derniers !

Lisbeth a raison. La patinoire est déserte et la nuit arrive. Un frisson parcourt le corps de Matt. L'air est si froid tout d'un coup ! Alors une idée folle lui traverse la tête. Et si cette femme avait quelque chose à voir avec cet hiver si long, cet hiver interminable ?

Une idée folle ? Peut-être pas… Car la femme aux lèvres de brume rappelle quelque chose à Matt…

Chapitre 2

Il neige.

Le nez collé au carreau, Matt regarde le brouillard des flocons qui bouche l'horizon. Plus question d'aller patiner ! La neige recouvre tout, même la glace de la patinoire.

Matt pousse un gros soupir et se dirige vers la chambre de sa sœur. Le désordre habituel y règne. Les patins que Lisbeth a jetés dans un coin y sont toujours. Une pile de livres s'est écroulée au pied de son lit. Sa salopette de ski traine sur une chaise. Dans le vivarium, rien ne bouge. Les vers de terre et les cloportes que Lisbeth élève doivent hiberner. Matt referme la porte. Comment sa sœur peut-elle supporter un tel désordre ? Et où est-elle ? Il réfléchit quelques instants, dévale les escaliers et traverse la maison.

Il sait où la trouver : avec Oskar.

Oskar est le calmar géant de leur oncle Philibert. Ensemble, ils parcourent le monde pour présenter Oskar au public et aux savants. Quand Philibert voyage seul, il confie le calmar à Lucie, la maman de Matt et Lisbeth. Et Lisbeth est ravie, car Oskar est son grand copain.

Plantée devant l'aquarium géant, Lisbeth semble terriblement inquiète.

– Il a froid, murmure-t-elle.

Matt examine Oskar. C'est vrai qu'il n'a pas bonne mine.

– Monte la température, suggère-t-il.

– Elle est à fond, réplique sa sœur. Et puis, ce n'est pas que la température. C'est tout ce gris, ça le déprime…

Les deux enfants tournent la tête vers la fenêtre. Les flocons de neige tourbillonnent

sans répit, formant un rideau épais. Oskar ramène ses tentacules autour de sa tête. Il ne supporte plus ce spectacle !

– Tu sais, Lisbeth, commence Matt, ce n'est pas normal, ce temps…

– Je sais ! Maman n'arrête pas de le répéter.

– Je veux dire… Ce n'est pas naturel… Il y a cette femme…

– Quelle femme ?

– Celle de l'histoire…

– Matt ! s'exclame Lisbeth, tu sais bien que les histoires que tu lis sont inventées !

– Pas toutes, Lisbeth ! Pas toutes ! D'ailleurs, la femme de l'histoire, je l'ai vue pour de vrai ! L'autre jour, à la patinoire. Elle est venue chercher l'enfant…

– Je ne comprends rien à ce que tu racontes, grogne Lisbeth.

– C'est la sorcière des neiges ! souffle Matt.

Blups !

À ces mots, Oskar a sursauté, dressé ses tentacules hors de l'eau, aspergeant les enfants par la même occasion, et il fixe à présent Matt d'un air terrifié.

– Tu vois ! Même Oskar en a entendu parler ! triomphe Matt.

– Bon ! soupire Lisbeth. C'est qui cette sorcière des neiges ?

– Une sorcière très puissante et très méchante. Elle choisit un enfant et l'ensorcèle. Je sais même comment : en lui envoyant un cristal de glace dans l'œil ! Puis elle vient le chercher et l'emmène dans son palais de glace. Puis…

Matt raconte et Lisbeth l'écoute de plus en plus attentivement.

– Et d'après toi, finit-elle par interroger, elle a enlevé ce Tom qui patinait avec nous ?

– Oui ! J'en suis sûr. D'habitude, c'est sa mère qui l'accompagne. Et elle ne ressemble pas du tout à la femme que j'ai vue ! D'ailleurs, sa voiture est rouge. Et tu sais quoi ? Juste avant de la rejoindre, Tom s'est frotté l'œil, comme si quelque chose le gênait !

Matt frissonne.

– Tu te rends compte, Lisbeth, ça aurait aussi bien pu être moi !

– Hum… fait Lisbeth. Et tant que ce garçon ne sera pas délivré, l'hiver règnera sur terre ?

– Exactement.

– C'est n'importe quoi !

– Pas du tout. Si nous délivrons Tom, nous lèverons le sortilège, sinon…

– Sinon ? répète Lisbeth.

Matt désigne Oskar recroquevillé au fond de son aquarium.

– Tu veux le voir mourir de froid et de tristesse ?

Lisbeth hausse les épaules et tourne le dos à son frère.

Chapitre 3

Le lendemain, une lueur grise réveille Lisbeth. Elle saute de son lit et court à la fenêtre. Il ne neige plus ! Mais le ciel reste bas et lourd. Elle contemple l'horizon d'un air songeur quand, soudain, Matt fait irruption dans sa chambre.

– Viens voir, dit-il en posant un livre sur le lit de Lisbeth.

Il tourne les pages et s'arrête sur une série de photos.

– Que c'est joli ! s'exclame Lisbeth. Qu'est-ce que c'est ?

– Des cristaux de neige. Tu vois, ils sont en forme d'étoile. Et tu ne vas pas le croire : il n'y en a pas deux pareils ! Mis ensemble, ils constituent des flocons.

Lisbeth est fascinée.

– Et la sorcière ensorcèle les enfants avec des cristaux comme ceux-ci ?

– Oui. Moi, je sais ce que je vais faire ! À toi de voir si tu me suis.

Lisbeth regarde son frère quitter sa chambre d'un pas décidé. Et s'il avait raison ? Dans sa tête, l'image d'Oskar terrifié chasse celle des étoiles de neige. Le calmar

est si malheureux ! Et il n'a rien avalé depuis trois jours. Alors Lisbeth n'hésite plus. Elle bondit en hurlant :

– Matt ! Attends-moi !

* *

Blanc, gris, noir.

Le paysage qui les entoure est sinistre. Heureusement que leurs vêtements y apportent des taches de couleur !

Matt a pris la direction des opérations et expliqué :

– Dans l'histoire, le palais de la sorcière se trouve au bout d'une rivière. Si on remonte ce ruisseau, on a de grandes chances de tomber dessus.

L'eau court en murmurant une drôle de chanson, la neige est glacée, l'air est froid et silencieux. Mais rien n'arrêtera les deux enfants. Matt veut retrouver Tom, et Lisbeth veut sauver Oskar. Et puis, ce n'est pas si difficile de suivre le ruisseau.

Pourtant, Lisbeth s'impatiente déjà.

– C'est encore loin ?

– Je n'en sais rien ! grogne Matt.

– Oh ! Regarde ! s'exclame soudain Lisbeth.

Elle tend le bras vers le ciel. Les nuages se sont déchirés, dégageant un grand morceau de bleu. D'un seul coup, la neige est plus lumineuse. Le soleil n'est pas loin ! Cela redonne du courage aux deux enfants. D'autant plus qu'une jolie maison vient d'apparaitre, juste à la sortie d'un bois. Elle est posée sur la neige et entourée d'une barrière. Ses fenêtres sont bleues, ses volets rouges, et un filet de fumée s'échappe de la cheminée.

– Elle est trop mignonne, cette maison, dit Lisbeth. Si on allait demander à ses

habitants s'ils ont vu passer la voiture que nous cherchons ?

– D'accord ! approuve Matt.

Toc, toc, toc !

Matt frappe vigoureusement à la porte qui s'ouvre sur une vieille dame emmitouflée dans un châle à fleurs.

– Bonjour, madame, commence Matt. Excusez-nous de vous déranger. Nous sommes à la recherche d'une voiture. Très longue, très belle, de la couleur de la neige dans le soir qui descend. C'est une dame qui la conduit. Elle porte une toque de fourrure…

– Il y a aussi un garçon dans la voiture, enchaine Lisbeth.

– Avec un pullover rouge, précise Matt.

– Une voiture couleur de neige, une dame coiffée d'une toque en fourrure, un garçon au pullover rouge… répète la vieille dame.

Elle secoue la tête.

– Je n'ai rien vu qui ressemble à ça !

Puis un grand sourire éclaire son visage et elle conclut :

– Cette voiture ne va sans doute pas tarder à arriver. Voulez-vous entrer pour l'attendre ? Je vais vous préparer un chocolat bien chaud. Et j'ai aussi un bon gâteau. Qu'en dites-vous ?

Lisbeth est prête à accepter, mais Matt la devance.

– Non merci, madame. C'est très gentil à vous, mais nous préférons continuer nos recherches.

Et il entraine Lisbeth vers le chemin.

– Prenez garde au vent qui se lève, alors ! leur lance la vieille dame.

Chapitre 4

Lisbeth est furieuse.

– Tu exagères ! proteste-t-elle. Cette vieille dame était très gentille et un chocolat chaud nous aurait fait du bien.

– Gentille, gentille, répète Matt en imitant sa sœur. Une sorcière, oui ! Dans mon histoire, il y en a une comme elle. Elle ensorcèle les enfants ! Elle les gave de gâteaux et ils en perdent la mémoire. Si nous étions entrés, jamais nous ne serions repartis !

– Tu crois ?

– Bien sûr. D'ailleurs, sa dernière phrase,

« Prenez garde au vent qui se lève », ça veut dire quoi, à ton avis ?

– Euh… fait Lisbeth en levant la tête vers le ciel.

Elle constate que le morceau de bleu s'est agrandi. Mais il n'y a pas de vent. Alors pourquoi les deux enfants devraient-ils en avoir peur ?

– Tu vois, ça ne veut rien dire ! triomphe Matt. C'est juste pour nous embrouiller.

* *

Le chemin monte doucement. À leurs côtés, des morceaux de glace s'accrochent à la berge du ruisseau.

– L'eau, c'est vraiment quelque chose de bizarre ! commente Lisbeth.

Elle se baisse, façonne rapidement une boule de neige et la lance sur son frère en criant :

– Ça, c'est de l'eau ! Un peu dure, mais de l'eau quand même.

Matt bondit au bord du ruisseau et fait mine d'arroser sa sœur.

– Ça aussi, c'est de l'eau ! claironne-t-il. Liquide et froide !

Lisbeth brise un morceau de glace entre ses doigts.

– C'est encore de l'eau… Craquante, et qui fond.

Matt souffle fort en ouvrant grand la bouche. De la buée s'en échappe.

– Toujours de l'eau ! Mais on ne peut pas l'attraper.

– Ce serait amusant si nous pouvions changer de forme, nous aussi ! dit Lisbeth.

Matt fait la grimace.

– Tu crois ? Tu aimerais partir en vapeur dans les airs, toi ?

– Euh… réfléchit Lisbeth. Peut-être pas…

Elle a oublié sa colère et les deux enfants avancent d'un bon pas tout en discutant.

Bientôt, ils aperçoivent une grande maison qui se dresse sur la neige. Dans le jardin, un enfant s'active. Il est très brun et il porte un pullover rouge.

– C'est lui ! s'exclame Matt. Regarde, Lisbeth ! Nous avons retrouvé Tom !

Il est prêt à s'élancer lorsque Lisbeth le retient :

– Attends ! Si cette maison est celle de la sorcière, mieux vaut être prudent.

– Je ne vois pas la voiture, réplique Matt. La sorcière ne doit pas être là. Dépêchons-nous, il faut en profiter avant qu'elle revienne !

Lisbeth n'a plus qu'à le suivre.

Ils sont tout près de l'enfant lorsque celui-ci se tourne vers eux. Matt se fige. Le pullover ressemble beaucoup à celui de Tom, mais c'est une fille qui le porte !

Matt s'arrête net et lance :
– Viens, Lisbeth, continuons, ne perdons pas de temps.

Chapitre 5

Lisbeth suit son frère, l'air songeur. Elle pense à leurs réflexions sur cette eau qui se transforme sans cesse… Et si cela avait un lien avec cet hiver trop long ?

Matt finit par s'énerver.

– Dépêche-toi ! On n'y arrivera jamais si tu traines comme ça !

– Oui, oui ! répond Lisbeth.

De l'autre côté du bois, une surprise les attend.

– C'est ça, le château de ta sorcière ? demande Lisbeth.

Elle est plutôt déçue. Elle s'imaginait un palais de glace et elle se retrouve face à deux tours en ruine reliées par un mur en piteux état.

– Je ne sais pas, répond Matt, perplexe.

– En tout cas, c'est habité, constate Lisbeth en désignant la fumée qui s'élève vers le ciel. On va voir ?

Les deux enfants s'approchent et découvrent un étrange spectacle. De l'autre côté des tours, un feu est allumé. Une dizaine d'hommes et de femmes sont installés autour. Ils sont enveloppés dans des capes épaisses, chaussés de hautes bottes et coiffés de chapeaux à plumes.

Matt lance d'une voix timide :

– Bonjour !

L'une après l'autre, les têtes se tournent vers eux. Lisbeth pousse son frère du coude.

– Tu as vu ? murmure-t-elle en désignant un arbre.

Un énorme animal est attaché à l'arbre. Il porte une extraordinaire ramure sur la tête.

– Un renne ! s'exclame Matt.

– Et alors ? interroge l'un des étranges personnages.

– Euh… Rien… fait Matt. Enfin… Nous sommes à la recherche d'une voiture, explique-t-il. Elle est très longue, très belle, de la couleur de la neige dans le soir qui descend. C'est une dame qui la conduit. Elle porte une toque de fourrure…

– Il y a aussi un garçon dans la voiture, enchaine Lisbeth.

– Avec un pullover rouge, précise Matt.

Les personnages se concertent du regard.

– Une voiture couleur de neige, dit l’un.

– Une dame coiffée d’une toque, fait un autre.

– Une toque en fourrure ! s’exclame un troisième.

– Et un garçon… murmure un quatrième.

– Avec un pullover… chuchote un cinquième.

– Rouge ! complètent les cinq autres en chœur.

Matt et Lisbeth sursautent.

– Vous les avez vus ? demandent-ils une fois remis de leur surprise.

Les personnages secouent la tête.

– Non, répond l’un d’eux.

Matt pousse un gros soupir.

– Nous allons chercher ailleurs, dit-il.

* *

Lisbeth est à nouveau à la traine. Sous ses pieds, la neige est plus molle. Et elle a chaud.

À tel point qu'elle ouvre son anorak et ôte ses gants.

– Matt ! crie-t-elle. Arrête ! Je n'y crois plus à ton histoire. Regarde, nous n'avons trouvé ni Tom ni la sorcière, et pourtant, le ciel est bleu et il fait moins froid. Je suis sure qu'il y a une autre explication, et…

Elle s'interrompt. Le renne vient de passer à côté d'elle. Il dépasse Matt, s'arrête, tourne la tête vers les deux enfants comme pour les inviter à le suivre, et repart.

– Et ça ? demande Matt. Tu n'y crois pas non plus ?

Lisbeth est fascinée. Le renne est bel et bien en train de les guider !

Ils arrivent bientôt à un carrefour, puis

un autre. Des balises de couleur sont plantées sur des piquets au bord des chemins. Le renne ne s'en préoccupe pas. Il tourne à gauche, puis à droite, et Matt et Lisbeth le suivent.

– On dirait… commence Matt.

– Des pistes de ski de fond ! conclut Lisbeth.

Au centre d'un vaste croisement, une cabane les attend. Là aussi, la cheminée fume et un homme est debout sur le pas de la porte.

– Bienvenue au Refuge des pins ! leur lance-t-il. Brioches, boissons chaudes… Vous trouverez ici tout ce qui vous fait envie !

– J'ai faim ! dit Lisbeth.

– Moi aussi, reconnait Matt.

Lisbeth fouille dans la poche de son anorak, en sort un petit portemonnaie, consulte la liste des prix affichée sur la façade et s'exclame joyeusement :

– J'ai assez pour deux chocolats et deux brioches !

– Entrez, je vous apporte ça tout de suite, fait l'homme.

Une fois à l'intérieur, Matt avale sa brioche et pose la question habituelle :

– Nous sommes à la recherche d'une voiture. Elle est très longue, très belle, de la

couleur de la neige dans le soir qui descend. C'est une dame qui la conduit. Elle porte une toque de fourrure…

– Il y a aussi un garçon dans la voiture, enchaine Lisbeth.

– Avec un pullover rouge, précise Matt.

– Une voiture couleur de neige, une dame coiffée d'une toque en fourrure, un garçon au pullover rouge… répète le gardien du refuge d'un air pensif.

– Vous les avez vus ? demande Matt plein d'espoir.

– Pourquoi les cherchez-vous ? questionne l'homme.

Matt hésite. Jusque-là, personne ne leur a posé cette question. Il décide de confier à cet inconnu une petite partie de son secret.

– C'est à cause du temps, explique-t-il. Il y a tellement de neige, et elle ne fond pas. Nous pensons que cette dame pourrait nous en dire plus à ce sujet.

– Je vois, murmure l'homme. Je vais vous donner un conseil : allez voir Betty Cox. La neige, c'est sa spécialité.

– Mais… commence Matt.

– Et elle connait bien ce garçon que vous cherchez, ajoute le gardien du refuge. Avec elle, vous ferez d'une pierre deux coups !

Chapitre 6

Matt et Lisbeth trouvent sans peine la maison indiquée par le gardien du refuge. C'est facile ! Le portail du jardin est blanc, et à côté pousse un arbuste avec des baies rouges.

Matt appuie sur la sonnette une fois, deux fois, trois fois…

– Voilà ! J'arrive ! crie une voix de l'intérieur.

La porte s'ouvre sur une petite dame qui leur sourit de toutes ses dents.

– Entrez, entrez, les enfants ! Max m'a prévenue de votre arrivée.

Devant la mine éberluée des enfants, elle explique :

– Max, le gardien du refuge. Il m'a téléphoné.

La dame inspecte la campagne derrière les enfants, hume l'air et annonce :

– Ça se réchauffe, le temps va changer.

– Pas tant que nous n'aurons pas retrouvé Tom, dit Matt gravement.

– Tom ? relève Betty Cox.

– Vous l'avez vu ? questionnent Matt et Lisbeth en chœur.

– Vous parlez de Tom, le fils de la voisine ?

– Nous parlons du Tom qui a été enlevé par la sorcière des neiges, répond Matt.

– La sorcière des neiges… Jeune homme, j'ai du mal à vous suivre. Finissez donc d'entrer et racontez-moi ça.

Une dizaine de minutes plus tard, un

vaste sourire illumine le visage de Betty Cox.

– Matt, commence-t-elle, c'est une très jolie histoire…

– Mais ce n'est qu'une histoire, complète Lisbeth.

– Qu'est-ce qui te fait dire ça ?

– Eh bien, déjà, le temps a changé depuis ce matin… On dirait que la neige est en train de fondre…

– C'est vrai. La neige n'est que de l'eau, finalement ! Une eau qui a vécu une grande aventure avant de venir couvrir nos jardins de ce joli tapis blanc. Savez-vous que cette aventure a l'océan pour point de départ ?

Matt et Lisbeth retiennent leur souffle. La voix de Betty Cox résonne dans la pièce et le chant des vagues l'accompagne.

– Le soleil réchauffe la surface de la mer, continue-t-elle. Sous son action, l'eau s'évapore. Cette vapeur d'eau monte très haut dans le ciel. Mais là-haut, il fait plus froid ! Alors, la vapeur d'eau se transforme en une multitude de minuscules gouttelettes…

– Comme quand il fait froid, l'interrompt Lisbeth. Nous voyons à peine l'air qui sort de notre bouche, mais s'il se dépose sur les lunettes de notre voisin, les verres se couvrent de toutes petites gouttes.

– C'est ça, approuve Betty Cox. Dans

le ciel, ces gouttelettes s'assemblent pour former des nuages. Elles se collent les unes aux autres et deviennent de grosses gouttes de pluie qui retombent sur la terre. Cette eau arrose les champs, s'enfonce dans le sol, alimente les ruisseaux et les rivières, retourne à l'océan, et le cycle recommence.

– Et si la température descend à zéro degré, complète Lisbeth, ce n'est plus de la pluie qui tombe, mais de la neige ou parfois de la grêle.

– Tout à fait, reconnait Betty Cox. C'est ce qu'on appelle les différents états de l'eau.

Matt et Lisbeth échangent un coup d'œil. Quand ils cheminaient au bord de la rivière, c'est exactement de cela qu'ils parlaient, des différents états de l'eau !

– D'accord ! intervient Matt. Mais cela ne nous dit pas pourquoi, cette année, la neige reste si longtemps !

– Ça, c'est une autre histoire, réplique Betty Cox. Venez avec moi, tous les deux.

Betty Cox entraine Matt et Lisbeth dans la pièce voisine. Sur un plan de travail, des ordinateurs sont allumés. Sur les écrans, des images défilent : le ciel, les nuages, l'océan, la terre…

– Ce sont des photos prises depuis le ciel par les satellites, explique Betty Cox. Je suis météorologue. Mon métier consiste à

étudier les phénomènes atmosphériques et le temps qu'il fait.

Betty Cox se plante devant un écran et poursuit :

– Cette année, il se passe quelque chose de particulier. Et tu avais raison, Matt, une sorcière s'en est mêlée…

Betty Cox pointe le doigt sur une masse grise qui occupe une partie de l'écran et annonce :

– Cette sorcière, c'est elle !

Matt et Lisbeth observent longuement la « sorcière ». Elle a la forme d'une spirale grise avec une longue traine et elle est située juste au-dessus de la région où ils habitent.

– Cette « sorcière » est une perturbation, reprend Betty Cox. Sur notre planète, des masses énormes d'air chaud et d'air froid se déplacent. Parfois, elles se rencontrent. Quand cela arrive, une perturbation se forme : pour nous, c'est la pluie ou la neige, et cela dure tant que les deux masses d'air restent proches. Et depuis quelque temps, nous avons au-dessus de nos têtes deux masses d'air à des températures très différentes ! Mais cela va changer…

– Parce que le vent va se lever ! lance Lisbeth.

– Euh… non, répond Betty Cox. Parce que la perturbation a bien fait son travail.

La perturbation prend l'air chaud et l'envoie en altitude. Là, il se refroidit, se condense, fait des gouttelettes et des cristaux de neige. Quand ils deviennent trop gros, ils tombent sur la terre. Ça s'arrête quand il n'y a plus de grosse différence de température entre la masse d'air chaud et la masse d'air froid. Et c'est ce qui est en train de se passer. Sur mes écrans, on le voit ici ! précise-t-elle en désignant la photo.

À cet instant, un jeune garçon fait irruption dans la pièce. Il a une tignasse brune, il porte un pullover rouge et il claironne :

– Madame Cox ! Maman m'envoie vous dire… Oups ! Excusez-moi, je ne savais pas que vous aviez du monde !

– Tom ! s'exclament Matt et Lisbeth.

– Vous me connaissez ? s'étonne le garçon.

– Oui… Enfin, non… bafouille Matt. Je t'ai vu à la patinoire l'autre jour. La sor… Une dame est venue te chercher…

– Ma tante ! dit Tom. Elle est en vacances chez nous.

– Et… Tu n'as rien à l'œil ?

– À l'œil ? Non. Ah, si ! Quelquefois, quand il fait froid, ça m'irrite un peu.

– Voilà plusieurs mystères résolus d'un coup, murmure Betty Cox. Qu'est-ce que ta maman voulait me dire, Tom ? ajoute-t-elle à haute voix.

– Ce soir, elle reçoit l'équipe du film, et vous êtes la bienvenue si vous voulez diner avec nous.

– Un film ! s'exclame Lisbeth. C'est donc ça, ces gens dans les ruines !

– Ah ! Vous les avez vus ? demande Tom.

– Oui ! Et leur renne aussi.

– Bien dressé, n'est-ce pas, leur renne ? Ça vous dirait de venir aussi ce soir ?

– Euh… oui ! Mais nos parents…

– Vous pouvez les appeler pour leur demander leur autorisation, intervient Betty Cox. Dites-leur que je vous reconduirai de bonne heure. Je suis sure que vous avez envie de revoir l'équipe du film… Et vous pourrez aussi faire connaissance avec cette mystérieuse dame qui conduit une voiture couleur de neige. Je vais d'ailleurs vous confier un secret : cette voiture est garée juste derrière la maison ! Ce n'est pas celle de la tante de Tom, c'est la mienne ! Je la lui ai prêtée car la sienne est en panne.

Matt baisse le nez, confus. Il ne sait plus quoi dire. Tom ne lui laisse pas le temps de réfléchir.

– Si vous avez fini avec madame Cox, lance-t-il, venez avec moi. L'autre jour, au bord de la patinoire, j'ai trouvé un drôle de truc. Ça ressemble à une étoile… Une étoile de givre… Mais ça ne fond pas ! Vous avez déjà vu ça, vous ?

– Une étoile de givre ! sourit Matt. Montre-la-moi. Je pourrai peut-être te raconter son histoire !

Table des matières

Hélène Montardre

Hélène Montardre est écrivain. Elle a écrit de nombreux livres : romans, contes, récits, albums et documentaires.
Aux Éditions Nathan, elle a déjà publié dans la série « Les Apprentis Chercheurs », *Le fantôme à la main rouge, Persée et le regard de pierre, Zeus à la conquête de l'Olympe, Ulysse l'aventurier des mers, Alexandre le Grand – Jusqu'au bout du monde*, les romans de la collection « Petites histoires de la mythologie », ainsi que les romans de la collection « Petites histoires de l'Histoire ».

Laurent Audouin

Laurent Audouin a toujours été un lecteur passionné et dévoreur de livres… jusqu'à devenir illustrateur ! Dès 8 ans, grâce à sa bibliothèque de quartier, il découvre des trésors d'albums jusqu'alors inconnus ! Diplômé des Arts appliqués, il a publié de nombreux albums pour la jeunesse, dont *Les enquêtes de Mirette* (Sarbacane) et *Sacré Cœur* (Petit Lézard). Ces deux séries condensent ce qui a inspiré son enfance : Tintin pour *Mirette*, Jules Verne avec une touche d'Adèle Blanc-Sec pour *Sacré Cœur*.
Pour ses livres, Laurent a obtenu plusieurs prix (prix Chronos, prix Molière, prix Cordage).

Tu as aimé ce roman ?

Retrouve d'autres romans de la série !

Les apprentis Chercheurs

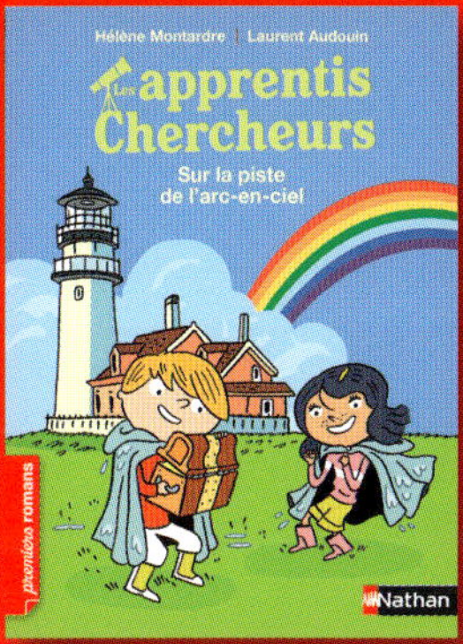

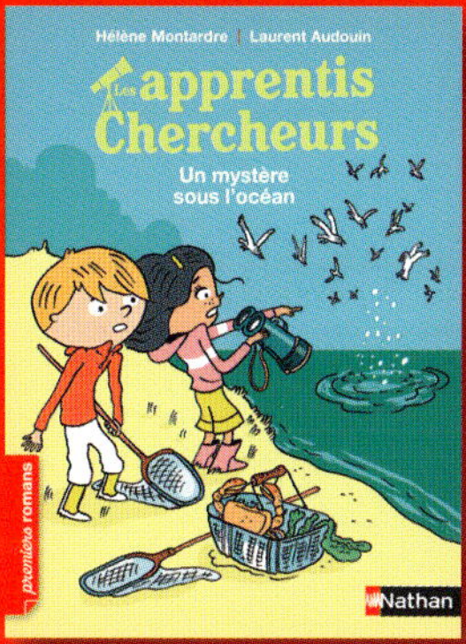

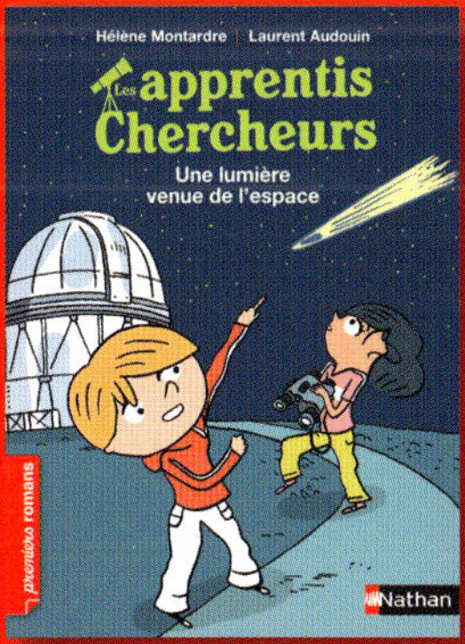

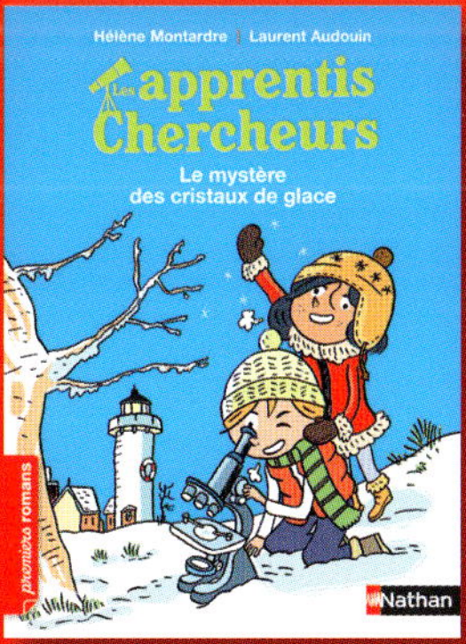